C. RENOOZ

LA LOI
des SEXES

devant

la SCIENCE

- et -

la MORALE

PRÉFACE

Nous ne pouvons continuer la série de nos brochures sans explications.

Pour bien comprendre « Les Luttes de Sexes » qui, datant de la plus lointaine antiquité, continuent encore de nos jours, il faut voir clair en soi-même, au double point de vue, physiologique et psychologique.

La présente brochure fera naître chez nos Lecteurs, une claire lueur.

Des états d'âme, des faits, jusqu'alors incompris leur paraîtront d'une simplicité déconcertante.

Le rôle joué par la Femme, dans la Société. à toutes les époques, vient de sa physiologie spéciale qui détermine des relations amoureuses et sexuelles, particulières, par conséquent une psychologie originale.

Il est important de connaître le processus de l'amour ainsi que les conséquences individuelles et sociales qui l'acccompagnent.

Nous nous obstinons à voir et à étudier seulement dans la Société, et dans l'Amour, le rôle de l'Homme, alors que celui de la Femme y est aussi de toute importance.

La Société, l'Amour, ne peuvent exister sans une connaissance approfondie de la Femme.

Une société Nouvelle, ne s'édifiera que si la Femme y joue le rôle spécial que son tempérament, ses qualités spéciales déterminent.

Essayons donc de connaître l'X encore mystérieux, la Femme, le levier dont on sait l'infinie puissance pour l'avoir mesurée, au sein de la Famille, puissance que des Siècles d'atavisme Masculinistes, nous font méconnaître, et qui demeure ainsi latente, inutilisée.

Depuis des millénaires, la Femme est méconnue, et le problème de l'Amour s'en trouve corrompu.

Beaucoup est à apprendre de la Psychologie féminine : après la période des luttes de Sexes qui se termina à l'avantage des Hommes servis, par la Force, les Prêtres, ayant usurpé le pouvoir des Prêtresses, répandirent à dessein de fausses idées sur la Femme et sa Sexualité.

Les Religions ont perpétué ces mensonges.

Ce sont là certainement des causes d'arrêt du Progrès et de la succession ininterrompue des Régimes chaotiques et sanguinaires.

Nous pensons :

Qu'il est intéressant de connaître par la Science les différences physiologiques qui chez l'Homme et la Femme déterminent des états psychiques divers;

Qu'il est utile de connaître les répercussions de l'acte sexuel sur les individus de sexe différent, au double point de vue physiologique et mental, et c'est là le but de notre publication;

Qu'il serait nécessaire de connaître le problème de la procréation, et par là l'Enfant, l'Avenir solide, sur lequel s'élèveront sereines, les Cités futures.

. . . .

Causons avec des individus de culture moyenne, abordons avec eux la question du Féminisme. Nous constatons qu'une idée est ancrée dans la plupart des esprits.

La voici : Le but du Féminisme est la mise au second plan de l'Homme et le remplacement de la domination masculine par la domination féminine.

Cette opinion presque générale est due certes à des exagérations de pensée et de parole de quelques féministes sincères et convaincus, mais aussi, mais surtout, à la propagande criminelle de Masculinistes hypocrites, désireux d'entraver l'ascension nécessaire et inéluctable de la Femme et de perpétuer ainsi la Lutte des Sexes.

Des reproches nous ont été adressés concernant le « Matriarcat », ils nous seront renouvelés après la parution de « La Loi des Sexes ».

On nous dit : « Vous allez dresser encore davantage en ennemis l'un contre l'autre, l'Homme et la Femme ».

« Vous semblez certifier la supériorité morale de la Femme ».

Nous ne voulons point sous-estimer la valeur des qualités masculines, mais nous sommes soucieux de permettre aux personnes de bonne foi, et cela grâce aux études que nous vulgarisons, de connaître, comprendre, et apprécier les vertus féminines.

Il deviendra ainsi facile de saisir le rôle important que joue la Femme dans la Société actuelle, le rôle de tout premier plan qu'elle jouera dans la Société future.

Etre féministe c'est souhaiter le développement libre, absolu, harmonieux, de l'âme féminine.

Notre Doctrine féministe, qui seule, s'appuie sur une base scientifique indiscutable, établit la vérité physiologique et psychologique concernant la Femme, montre les causes de son élévation morale, causes qui ne peuvent être détruites, mais qui jusqu'à ce jour ont été constamment entravées.

Nombreux sont ceux qui, effrayés par la menace que la Femme par sa valeur réelle fait peser sur des situations qu'ils pensaient réservées au seul sexe masculin, s'emploient à arrêter le développement féminin.

Plus nombreux encore, sont ceux qu'un grand aveuglement psychologique, rend profondément injustes envers la Femme.

Les anti-féministes se rangent sous les bannières alliées de l'Orgueil et de l'Ignorance.

Les orgueilleux commandent avec audace.

Malgré tout, et par le seul fait de sa constitution physique, la Femme poursuit son ascension morale et intellectuelle.

Il appartient à la Femme et à l'Homme de hâter cette évolution.

Plus d'efforts chez la Femme, plus de compréhension chez l'Homme, une collaboration étroite, loyale des deux êtres, sont pour cela nécessaires.

Certains féministes, pensent que l'entrée de la Femme à l'Usine, au Bureau, peut être un facteur d'émancipation.

Nous ne le croyons pas.

Cet autre encasernement amènerait la disparition des qualités propres à la Femme et leur remplacement par une possibilité de penser, et d'agir, par ordre, et en série.

Les efforts des féministes doivent tendre vers un double but.

Au point de vue matériel :

Alléger les charges du ménage et de la maternité.

Au point de vue moral :

Attribuer à la Femme son véritable rôle d'éducation et de Direction Morale, au sein de la Famille et de l'Etat.

L'allègement des charges du ménage doit permettre à la Femme de s'instruire et de s'éduquer.

La Maternité doit devenir FONCTION SOCIALE.

La Misère qui rôde autour du Berceau et du Foyer sera ainsi écartée, et la Femme pourra remplir son rôle d'Educatrice-née, Semeuse de Bonté, d'Abnégation, d'Idéalisme, et d'Enthousiasme.

Car, l'Education donnée aux Enfants assemblés ne peut être que néfaste, qu'elle soit prodiguée au nom de l'Eglise, de l'Etat, ou d'un Parti quel qu'il soit; le plus souvent, elle détruit chez les Jeunes les plus belles qualités, renforce les défauts.

La Femme pourra ainsi se consacrer toute entière à son ROLE DE DIRECTION MORALE...

. . . .

Si l'Etude que nous vulgarisons permet à nos lecteurs une plus nette compréhension des problèmes si importants du Féminisme et de l'Education sexuelle, nous penserons avoir apporté utilement une pierre, à l'Œuvre de l'Emancipation Humaine.

J. DANTON.

La Loi des Sexes
devant la Science
et la Morale

Quand au commencement du XIXe siècle on a commencé à formuler des théories socialistes, **elles étaient toutes basées sur le sexualisme,** c'est-à-dire qu'elles partaient de ce point de vue que **la rénovation sociale ne se fera qu'en changeant les relations de l'homme et de la femme.** C'était le point de départ du Saint-Simonisme ; c'était aussi un des points fondamentaux de la doctrine de Fourrier.

En effet, toutes les questions morales, sociales, économiques et même politiques et religieuses, ne peuvent trouver de solution définitive que dans l'étude du sexualisme.

C'est dire que la lutte de sexe, qui a pris naissance dans un passé lointain, a été la cause de tous les désordres qui ont troublé l'humanité dans son évolution ascendante.

Pour faire cesser cette lutte il faut, d'abord, la faire connaître, on ne guérit un mal que lorsqu'on le connaît bien.

Or, rien n'est moins connu que cette histoire du sexualisme.

Plusieurs raisons en ont rendu l'étude impossible ; le despotisme de ceux qui avaient tort, l'ignorance de ceux qui avaient raison, la crédulité enfantine des femmes qui prennent pour des arguments inattaquables tous les *mensonges conventionnels* inventés pour leur persuader qu'elles doivent s'effacer devant l'homme.

Or, si nous voulons sérieusement travailler à la restauration de l'édifice social qui s'écroule, nous devons apporter à la société la vérité définitive, la vérité exempte de tout intérêt de parti, de secte, de sexe. Cette vérité si difficile à dire, nous la trouvons dans la science en même temps que nous la retrouvons dans le passé lointain de l'histoire.

I

Anatomie et Physiologie

Résumons, d'abord, l'histoire naturelle de l'homme et de la femme c'est-à-dire l'histoire de l'évolution sexuelle.

Faire l'histoire de l'évolution sexuelle c'est faire l'histoire du système nerveux grand sympathique.

Je vais donc exposer rapidement ce chapitre de la physiologie pour faire comprendre **les causes qui déterminent chez l'homme et chez la femme des actions psychiques totalement différentes.**

*
* *

Le grand sympathique forme dans la partie antérieure du corps une sorte de chapelet composé de ganglions reliés entre eux par des nerfs. De ces ganglions partent des filets nerveux qui se répandent dans les membres, d'autres qui vont aux viscères logés dans la cavité splanchnique.

Les nerfs du grand sympathique accompagnent partout les vaisseaux sanguins et agissent sur eux, c'est pourquoi on les a appelés nerfs *vaso-moteurs*.

Au début de l'évolution nous voyons que les nerfs et les vaisseaux possèdent, dans un sexe et dans l'autre, la même activité encore très faible du reste.

Peu à peu nous voyons que dans le sexe mâle l'action du vaisseau sanguin se ralentit tandis que l'action nerveuse s'accentue.

Dans le sexe femelle nous voyons, au contraire, que l'action sanguine se développe et l'action nerveuse diminue.

Il en résulte que **l'être mâle**, qui garde toujours le produit du vaisseau sanguin, **fait en lui, une réserve sanguine** qui, en se déposant dans les muscles, leur donne un plus grand développement.

L'être femelle qui retire peu à peu de la circulation du grand sympathique l'élément du nerf, **arrive à se constituer une réserve nerveuse.**

Donc chez le mâle : sexualité nerveuse (puisque c'est le grand sympathique qui incite les organes sexuels), **réserve sanguine** (c'est-à-dire musculaire).

Chez la femelle, sexualité sanguine, réserve nerveuse.

***

Les Sécrétions

Il résulte de ce que nous venons de dire que les sécrétions qui sont sous la dépendance du grand sympathique sont différentes dans un sexe et dans l'autre.

Ce sont les sécrétions salivaires, gastriques, hépatiques, pancréatiques, intestinales, génitales, et la sécrétion lactique.

La part donnée à toutes ces sécrétions par la femelle est principalement celle du vaisseau, c'est-à-dire une substance albuminoïde qui se sépare du sang ; la part donnée par le mâle est celle qui émane du nerf.

Je ne m'arrête pas à la décrire pour ne pas me perdre dans des théories chimiques.

Je veux faire remarquer que, dans la sécrétion génitale, le mâle donne une cellule nerveuse, le spermatozoïde ; la femelle une cellule sanguine, l'ovule, identique, au point de vue histologique, au leucocyte (globule blanc du sang).

Donc, la mère donne à l'enfant les éléments constitutifs du sang, c'est-à-dire les matériaux du corps, le père lui donne l'élément nerveux, c'est-à-dire le principe même de la vie.

Je veux encore faire remarquer que **toutes les différences anatomiques et physiologiques qui règnent entre l'homme et la femme** proviennent de cette cause : **l'action différente des nerfs et des vaisseaux du grand sympathique**. Ainsi, par exemple, tandis que la sécrétion lactique, spéciale au sexe femelle, puise ses éléments dans le vaisseau, la sécrétion des poils tactiles qui apparaissent sur le visage et le thorax, chez l'homme, est une preuve extérieure de l'action nerveuse puisque **le poil tactile est la terminaison d'un nerf**.

II

Psychologie Sexuelle

Examinons, maintenant, les conséquences psychiques de ces différences.

a) **PSYCHOLOGIE MASCULINE**

Nous venons de voir que l'homme a donné, à la génération, **l'élément nerveux**, le **principe même de la vie,** c'est-à-dire ce qu'il y a de meilleur en lui : la sensibilité qui, mise en réserve dans le cerveau, y détermine toutes les actions intellectuelles. **Donc, c'est le même élément qui, chez l'homme, alimente la vie intellectuelle et la vie sexuelle.**

Il en résulte, pour lui, un dualisme représenté par la vie cérébrale et la vie sentimentale qui sont en perpétuel antagoniste.

En effet, ce que l'homme puise dans la vie individuelle (cérébrale) pour le donner à la vie sexuelle, laisse un vide dans son cerveau qui amène des conséquences psychiques que nous devons étudier en détail.

Pour bien les comprendre, rappelons encore les conséquences physiologiques de l'evolution sexuelle masculine.

C'est, d'abord, la diminution de l'intensité sensitive dans la vie de relation, puisque la sensibilité est jetée dans le grand sympathique. Cette diminution amène le ralentissement des opérations intellectuelles.

— C'est, ensuite, l'augmentation des facultés motrices, déterminée par la réserve sanguine, qui nourrit le système musculaire et augmente la force de l'homme.

— Nous trouvons encore, comme conséquence de la désassimilation de l'élément de vie, la cause qui abrège son existence. La statistique a montré que les hommes vivent moins longtemps que les femmes.

Arrivons, maintenant, aux conséquences psychiques.

C'est la pleine possession de la vie qui fait le bonheur. Or, quand l'enfant mâle, en franchissant les degrés qui le conduisent à l'âge adulte, commence à être soumis à la désassimilation sexuelle, une vague tristesse l'envahit, il sent que quelque chose en lui se désorganise.

Il commence à connaître les troubles de l'âme, ses facultés primitives se transforment, un changement profond se produit dans son être psychique et dans son être physique.

L'abus sexuel engendre l'infériorité de l'homme, parce que c'est une dépense qui épuise sa vie nerveuse. Cette infériorité se manifeste par l'orgueil, cette singulière manifestation de révolte qui pousse l'homme à nier sa déchéance et à la présenter, au contraire, comme un progrès.

« Si un homme est orgueilleux, cela prouve qu'il a de nombreux défauts », dit le Talmud.

Cependant, sa conscience proteste, car un autre sentiment, la susceptibilité, nous prouve qu'il a une connaissance au moins vague, sinon précise, des conséquences psychiques de sa sexualité ; rien ne le blesse autant que la révélation franche de ses caractères sexuels ; certains hommes entrent même en fureur quand on veut les leur montrer. Et c'est la crainte de ce déchaînement brutal qui a fait que, pendant si longtemps, les choses sexuelles ont été tenues secrètes.

Nous voyons ensuite naître l'envie.

Celui qui se sent déchoir de sa valeur morale souffre en voyant ceux qui sont plus haut que lui dans l'échelle des êtres, et cherche à les entraver dans tout ce qu'ils font.

« Celui qui diffame les autres montre par là qu'il est lui-même peu honorable. » (Talmud).

L'envie détermine la misanthropie et la misogynie. Si nous étudions les conséquences de la désassimilation de l'élément de vie dans les sujets qui sont arrivés plus loin que les autres dans la déchéance, c'est-à-dire dans les types dégradés qui font l'objet de l'étude de l'anthropologie des criminels, nous voyons que, chez eux, la susceptibilité devient de l'irascibilité, de la colère : que la misogynie, c'est à dire la jalousie sexuelle, peut aller jusqu'au crime.

D'abord, l'envie supprime de la vie des inférieurs le respect des autres et même la politesse ; ils ne manifestent que de mauvais sentiments, de la haine, de la méchanceté, alors que ce sont eux, souvent, qui font les plus beaux discours altruistes.

L'état social actuel est le résultat de ces sentiments mauvais, conséquence inéluctable de l'épuisement nerveux. Le jeune homme, déjà appauvri par les excès sexuels des pères, se diminue encore par sa précoce sexualité. Souvent il hait ses parents, il hait ses supérieurs, il hait surtout la Femme ; sa cruauté, sa brutalité après les relations amoureuses sont une conséquence logique de l'élément sanguin-moteur le faisant agir brutalement, c'est une impulsion non coordonnée.

Les autres conséquences de la déchéance sont :

La *colère*, qui est une révolte contre tout ce qui gêne l'impulsif dans la satisfaction de ses instincts ;

L'*intempérance*, qui vient d'un besoin d'excitation des sens ;

La *paresse*, qui résulte de son infériorité mentale : pas de pensées, pas d'actions raisonnées.;

Et, par dessus tout, l'*égoïsme*, qui, poussé à ses dernières limites, est une maladie, la *psychopathie*.

*
* *

Régression des Courants Céphaliques

De toutes les conséquences de l'exercice sexuel chez l'homme, la plus grave est celle qui crée la perversion mentale.

Le cerveau du fœtus se développe en progressant d'arrière en avant, faisant ainsi augmenter, sans cesse, la proéminence des lobes frontaux. Quand l'influx nerveux, en réserve dans le cerveau, est appelé dans le grand sympathique, les courants cérébraux changent de direction, ils reviennent d'avant en arrière. Il en résulte une modification du crâne, l'angle facial diminue peu à peu, parce que les lobes frontaux, dont le développement s'était d'abord arrêté, arrivent même à s'atrophier. Ce changement dans les conditions anatomiques et physiologiques du cerveau de l'homme amène, chez lui, des caractères psychiques, tout particuliers, qui lui font voir le monde extérieur sous un jour nouveau.

D'abord il rapporte tout à sa vie sexuelle, c'est-à-dire à sa vie sentimentale. qui finit par l'emporter sur sa vie intellectuelle : ensuite, les opérations cérébrales se font, chez lui, à certains moments de son existence, dans un ordre renversé, les courants cérébraux qui circulent à travers les cellules de la moelle grise *revenant* au lieu *d'aller*. C'est ce va et vient qui engendre en lui des incertitudes, des doutes, des erreurs de jugement, qu'il rectifie lui-même aux heures où sa sexualité calmée lui permet de reprendre possession de lui-même.

Mais ce processus régressif du cerveau, cette perversion mentale, ont des conséquences formidables dans la vie des sociétés humaines, puisque c'est là qu'est l'origine de toutes les erreurs qui ont été imposées, de toutes les idées fausses qui ont régné et règnent encore autour de nous et qu'on appelle des « **mensonges conventionnels** ».

Les hommes en reconnaissent eux-mêmes la cause, puisque ce sont eux qui ont dit : « *Errare humanum est* ».

Ecrivez votre nom à l'envers il ressemblera autant à ce qu'il est que leurs raisonnements ressemblent à la vérité.

Ce va et vient de l'esprit engendre le doute, qui fait que tant d'hommes n'osent pas prendre de décisions et ne sont que des *suiveurs* ; ils ne se prononcent que quand dix mille voix ont parlé avant eux et ne prennent de décision qu'avec les masses ; livrés à eux mêmes, ce sont des misonéistes, ils n'ont en eux que **l'esprit de négation,** qui engendre **le scepticisme, la mauvaise foi, l'entêtement dans l'erreur,** qui est une affectation *de ne pas se tromper.*

*
* *

Dernières conséquences
de la Sexualité Masculine

Quand l'entraînement a été trop rapide dans la voie de la régression, on voit apparaître la folie, qui est le dérangement complet de la mentalité, la démence, à laquelle on arrive peu à peu en passant par tous les degrés de trouble : de là les quarts de fous, les demi-fous, les trois quarts et les tout à fait fous.

Ces degrés sont caractérisés par l'amour du sang, parce que le sang c'est l'élément sexuel féminin. Alors ce n'est pas une attraction, c'est une fureur qui pousse l'homme dégénéré vers tout ce qui est rouge. Il aime les courses de taureaux, les vivisections, la guerre, le crime sous toutes ses formes. La criminalité est, pour ces déments, une volupté,

Un jeune auteur a rêvé d'écrire un livre intitulé : « *Les joies du crime* ».

C'est cette vision du sang — qui les attire — qu'ils traduisent lorsqu'ils disent : « J'ai vu rouge ».

L'état social actuel est la conséquence de la psychologie de l'homme. Malgré toutes les raisons qu'il y aurait pour que le monde fut plus civilisé, c'est la dégénérescence qui se produit au point de vue moral.

Il y a des violences dans l'air, l'alcoolisme ajoute encore à la force impulsive masculine, qui ne demande qu'à se manifester et à frapper, à répandre le sang.

Tous les peuples qui méconnaissent la loi sexuelle sont régis par des forces impulsives et ne peuvent concevoir d'autres solutions dans les conflits que la guerre extérieure ou intérieure, un dérivatif, disent, très justement, les dirigeants de la politique.

*
* *

Les degrès de la Sexualité Masculine

Entre la pleine raison et la folie, il y a une infinité de degrés. L'homme le sent, et c'est pour cela qu'il s'établit chez lui **une lutte entre l'instinct et la raison.**

La passion est un entraînement irrationnel qui le fait déchoir, et comme, en tombant, sa raison se trouble, il n'a pas conscience lui-même de la place qu'il occupe dans la régression sexuelle.

Cependant, quelques philosophes pessimistes comme Schopenhauer lui ont montré le néant pour but et la dégénérescence comme voie.

Cela est exagéré. **L'homme a devant lui deux chemins et quand il prend celui de la raison il peut lutter contre les entraînements de l'instinct et s'élever dans la sérénité de la vie intellectuelle.**

Tels sont, à grands traits, les caractères particuliers de la psychologie masculine. Voyons, maintenant, quels sont les caractères de la psychologie féminine.

b) **PSYGHOLOGIE FEMININE**

Nous avons montré que, dans les fonctions du grand sympathique, qui toutes, concourent à déterminer la sexualité, la femme élimine l'élément albuminoïde tiré du sang (ou le sang lui-même) ; que **l'élément nerveux, c'est-à-dire le principe de la sensibilité et de l'intellectualité, n'est pas donné, par elle, à la vie sexuelle, mais mis en réserve pour alimenter la vie individuelle.**

La principale fonction du sexe féminin, c'est *l'ovulation*, fonction qui correspond à la sécrétion génitale mâle, quoiqu'elle ait des conséquences toutes différentes.

L'ovulation est une fonction subjective. Rappelons que la poule pond ses œufs sans le concours du mâle.

Les conséquences de la fonction sexuelle chez la femme ont été résumées par Virchow dans son mémoire intitulé : *La Femme et la cellule*. « La femme est femme, dit-il, uniquement par ses glandes génératrices. Toutes les particularités de son corps et de son esprit, sa vie nutritive, son activité nerveuse, la délicatesse, la rondeur des membres, l'élargissement du bassin, le développement de la poitrine, sa luxuriante chevelure contrastant avec le duvet fin et imperceptible qui couvre le reste du corps ; en outre, la profondeur de sentiment, la perception primesautière et sûre, la douceur, l'abnégation, la fidélité, en résumé tous les caractères éminemment féminins que nous admirons et vénérons dans la vraie Femme, tout cela dépend de l'ovaire. Que l'on extirpe l'ovaire et la virago nous apparaîtra dans toute sa hideuse imperfection. »

Donc, les fonctions de l'ovaire donnent à la Femme des caractères de supériorité morale.

Nous avons vu que la sensibilité est un élément qui alimente, chez l'homme, les facultés sexuelles en même temps que les facultés cérébrales, il la partage donc entre ses deux vies — la vie intellectuelle et la vie sentimentale. Chez la Femme cet élément de vie n'est pas du tout donné à la sexualité, il est, tout entier, mis en réserve dans le cerveau.

La Femme n'a donc pas, comme l'homme, une vie sentimentale et une vie intellectuelle en luttes continuelles. Chez elle tous les phénomènes de la vie sentimentale restent confinés dans le cerveau et se confondent avec les phénomènes de l'intellectualité.

C'est par le cerveau que la Femme aime et non par le cœur, comme l'homme. (Je prends le mot *cœur* au figuré pour représenter le grand sympathique qui, du reste, a un important plexus cardiaque, le cœur comme muscle, ne *sent* pas, ne *pense* pas).

Expliquons pourquoi l'ovulation grandit moralement la Femme. Nous avons vu que l'élément de vie, en diminuant dans le cerveau de l'homme, lui cause un sentiment de tristesse. Or, chez la femme la sexualité détermine, au contraire, une augmentation de l'intensité vitale puisque sa réserve nerveuse progresse pendant son évolution sexuelle.

Il en résulte, pour elle, un sentiment de bonheur infini ; chez la jeune fille une gaîté bruyante qui contraste avec la tristesse qui envahit le jeune homme à l'âge correspondant. En même temps elle progresse en intelligence, en douceur, en bonté, en altruisme, toutes manifestations qui viennent de cette satisfaction intime que donne la plénitude de vie. **Enfin, la femme n'est pas soumise, comme l'homme, à la régression des courants cérébraux** puisque son influx nerveux cérébral n'est jamais appelé dans le grand sympathique. Elle n'est pas soumise aux alternatives qui dévient, chez l'homme, la rectitude primitive des idées ; **donc son jugement reste droit comme il était droit dans l'enfance. C'est ce qui lui donne l'intuition, la clairvoyance, mais aussi la crédulité, car elle ne veut pas croire à la perversion de l'esprit, qui n'est pas en elle.**

Mais si sa sensibilité augmente, sa motricité diminue puisqu'elle dépense l'élément sanguin qui l'engendre. Et lorsque la Femme perd trop abondamment cet élément cela peut lui être défavorable en lui occasionnant un état de faiblesse qui peut retentir sur son intelligence qui, alors, n'est plus mise en activité.

Une comparaison fera mieux comprendre les différences sexuelles de la mentalité.

Figurons-nous que nous avons devant nous deux pianos : l'un est un magnifique instrument qui pourrait donner des sons admirables, mais le pianiste qui est chargé de le faire vibrer joue mal, de plus ses petits bras n'atteignent pas les extrémités du clavier.

Ceci représente le cerveau féminin, magnifique instrument vivant dont la Femme ne sait pas se servir.

L'autre piano est un instrument usé, mal accordé, en mauvais état, mais le pianiste qui s'en sert sait en tirer le meilleur parti possible, il fait vibrer bruyamment toutes les notes, si bien que le public qui écoute le déclare supérieur au beau piano mal joué.

Mais il peut se présenter un cas exceptionnel : Celui d'une femme bien équilibrée et sachant aussi bien que l'homme faire usage de ses facultés. Alors ce qu'elle produit est bien supérieur à tout ce qui peut venir du cerveau masculin.

C'est dans sa nature sexuelle que la Femme puise sa sérénité, sa modestie qui vient de l'absence d'orgueil, son altruisme (elle aime les autres parce que, au point de vue sentimental, elle est le riche qui donne), sa douceur, sa patience qui vient de ce que, ce qu'elle fait, obéit à sa raison qui n'est pas troublée par la passion puisque, chez elle, la rectitude de l'esprit n'est pas en opposition avec les impulsions instinctives.

Il s'agit, bien entendu, de la *femme naturelle* et non de celle qui a été corrompue par la société ou de celle qui a subi l'influence des milieux masculins.

La différence des conséquences de la sexualité dans les deux sexes a été remarquée par Fabre d'Olivet, qui a écrit ceci :

Les mêmes sensations, quoique provenant des mêmes causes, ne produisent pas les mêmes effets dans les deux sexes. Ceci est digne de la plus haute attention et je prie le lecteur de fixer un moment, avec force, sa vue mentale sur ce point presque imperceptible de la constitution humaine. C'est ici le germe de toute civilisation, le point séminal d'où tout doit éclore, le puissant mobile duquel tout doit recevoir le mouvement dans l'ordre social.

**
* **

La Fécondation

Il ne faut pas confondre l'ovulation avec la Fécondation, c'est-à-dire la fonction sexuelle subjective de la femmme avec sa fonction objective.

L'Ovulation est pour la Femme une fonction normale et régulière. La Fécondation n'est pas nécessaire à sa vie. Une femme peut vivre sans jamais y être soumise, tandis qu'une autre peut avoir à la subir avec excès, sans que ces deux femmes soient physiologiquement différentes, s'il n'y a pas eu maternité.

Ce qu'on a appelé *la disponibilité facultative* de la Femme — quant à la fécondation — prouve que ce n'est pour elle qu'un acte qu'elle subit passivement, — acte qui n'exerce aucun effet sur son organisme, ni fatigue, ni épuisement, ni entraînement.

Ceux qui ont assimilé cette passivité à la fonction active de l'homme ont fait une étrange confusion. On ne peut pas être accusé d'intempérance parce qu'on regarde boire. On n'a pas une indigestion parce qu'on sert quelqu'un qui mange.

Les degrés de la sexualité féminine sont inverses des degrés de la sexualité masculine.

La femme la plus avancée dans la féminité est celle qui atteint le plus haut degré de spiritualité.

L'homme le plus avancé dans l'exercice sexuel est celui qui arrive au plus bas degré de la brutalité.

III

Relations intersexuelles

L'AMOUR

Nous avons à étudier, maintenant, les relations qui s'établissent entre l'homme et la femme, ces deux êtres si différemment constitués au point de vue physiologique et surtout au point de vue psychique.

Ces relations sont de deux sortes : Les relations sexuelles et les relations sociales.

Faire l'histoire des relations sexuelles c'est refaire, une fois de plus, le grand chapitre de l'amour, mais cettte fois, c'est le faire scientifiquement, ce qui n'a jamais été essayé.

L'amour, considéré comme phénomène physico-chimique, est la tension qui existe entre deux corps qui s'attirent. C'est le rayonnement de l'influx nerveux mâle, constitué par un courant d'oxygène à l'état radiant, qui cherche le principe albuminoïde pour lequel il a une violente affinité. La tension s'établit entre les individus différemment sexués, lorsque le principe qui détermine l'attraction s'accumule dans le système ganglionnaire ; la tension cesse momentanément lorsque ce principe est éliminé.

Mais comme le principe mis en jeu pour produire le phénomène est différent dans l'homme et dans la femme. Il en résulte que l'amour masculin et l'amour féminin se mani estent de façon toutes différentes.

Il faut donc les étudier séparément.

a) L'AMOUR MASCULIN

Chez l'homme, à partir de l'âge de la puberté, l'influx nerveux jeté dans le grand sympathique est un courant électrique cherchant sans cesse un courant contraire. S'il ne le rencontre pas, il est éliminé, et le phénomène recommence. Mais si l'homme rencontre dans une femme le principe qui l'attire, le courant nerveux, au lieu de suivre la voie habituelle de l'élimination, remonte, et remonte parce que c'est par les yeux et les autres organes qui sont sous la dépendance des nerfs craniens, que l'attraction commence. Cependant, fatalement, l'attraction commencée par le pôle cérébral doit descendre vers le pôle générateur et, finalement, porter l'homme à un rapprochement dans lequel il donne ce qu'il y a de meilleur en lui : sa vie, son intelligence.

Pendant l'amour l'homme manifeste des qualités qu'il n'a pas dans sa vie individuelle.

— Il devient sensitif, — alors que sans amour il est brutal.

— Il devient généreux, — alors qu'il est égoïste.

— Il devient doux, humble, soumis, — alors qu'il était arrogant et orgueilleux.

— Il devient galant, il adresse à la femme des louanges, — alors que, en dehors de l'amour, il est irrespectueux et envieux.

L'amour le change et si, sans amour, il manifestait les mêmes qualités il serait l'homme idéal, le supra homme.

L'amour lui inspire ce que la raison devrait lui inspirer.

Mais l'attraction sexuelle chemine et veut aboutir à la fonction inférieure. Quand il y arrive il se fait en lui une réaction, il perd ses qualités momentanées et prend les défauts contraires.

L'homme est la contradiction de lui-même. **Chez lui la réaction de l'amour est un état douloureux. Il sent qu'il vient d'abandonner une partie de son être et souvent cela lui occasione une poussée de rage, il fait la femme responsable de ce pas qu'il vient de faire dans la déchéance et l'accable de reproches et d'injures sexuelles qu'elle ne comprend pas.**

M. Destrem appelle cette réaction « les effets subversifs de l'amour », qui sont dit-il, l'origine du mensonge, de la perfidie, du viol, du crime.

Janus de Villiers dit : « Chaque fois que tu aimes tu meurs d'autant », et Schopenhauer ajoute : « La passion satisfaite est suivie d'un rapide désenchantement ».

L'amour est donc pour l'homme un « sacrifice ». C'est ainsi que l'antiquité le définissait.

C'est dans la réaction de l'amour, qu'apparait l'opposition des sexes, la lutte entre la raison féminine et la déraison de l'homme. Et cela se complique des effets de la réserve sanguine qui engendre la brutalite chez l'homme, tandis **que la Femme dans sa réaction nerveuse devient sensitive et craintive.**

Ces actions sont lentes, ce sont des petits effets, mais ils s'additionnent et s'accumulent dans le cours de la vie.

La réaction de l'homme serait toujours une jalousie, une haine (la misogynie) si l'éducation, l'intérêt, n'intervenaient pour le calmer et lui faire attendre le retour du besoin physiologique qui lui rendra momentanément de bons sentiments. Cependant l'habitude, la certitude d'être écouté, arrivent à supprimer les délicates attentions et les prières de la première fois, l'homme prend sans demander et c'est cela qui est « l'amour brutal ».

Les mœurs qui résultent de cette précipitation des phases de l'amour caractérisent les races dégénérées.

La facilité donnée à l'homme, dès l'adolescence, de satisfaire tous ses caprices, a amené un appau-

vriesement de la substance nerveuse dans le sexe masculin, qui va s'accentuant de génération en génération.

La femme, en cédant à l'homme, lui cause le plus grand préjudice et s'expose à sa haine et à toutes les manifestations familiales et sociales de la misogynie.

En l'absence de la loi morale réglementant la vie sexuelle, c'est la **Femme** qui est la gardienne des mœurs.

b) L'AMOUR FEMININ

L'amour de la Femme ne ressemble en rien à l'amour de l'homme. Il se produit chez elle deux ordres de phénomènes différents. C'est, d'abord, l'attraction sexuelle provenant de la tension de l'élément sanguin vers le principe nerveux qui rayonne chez l'Homme, qui rayonne comme la radiation solaire rayonne sur la Terre. C'est pourquoi la femme voit dans l'homme quelque chose de divin. Mais cette attraction est un phénomène purement physique.

Les facultés sensitives de la Femme, celles qui *aiment* réellement, qui sentent et qui jugent, restent confinées dans le cerveau ; c'est par le cerveau que la Femme aime et non par le cœur (toujours en prenant le mot cœur comme une figure représentant le grand sympathique).

L'amour cérébral de la Femme n'aspire pas du tout au rapprochement des sexes, comme cela arrive chez l'homme. Ses aspirations sont d'un ordre tout différent, c'est le besoin de s'élever, par la pensée, vers les choses abstraites, d'amener un autre esprit à la contemplation de la nature, du ciel étoilé par exemple, et cela dans une étreinte qui ne comprend que la moitié supérieure du corps.

L'amour chez la Femme est plus complexe que chez l'homme parce qu'il comprend deux phénomènes.

L'amour cérébral crée le plaisir spirituel ou rationnel que l'homme ne connaît pas. C'est cette différence qui fait que la Femme n'a pas, comme l'homme, la honte de l'amour.

Un philosophe dit :

La femme se pare de son amour comme d'une force.

L'homme en a la pudeur comme d'une faiblesse.

D'autres différences sont à signaler :

— L'amour de la Femme ne s'épuise pas par les actes sexuels comme cela arrive chez l'homme.

— Les plus intelligentes sont les plus aimantes.

— Ce que la Femme rêve c'est une union idéale — être unis dans l'idée, dans la pensée suprême — être la *maîtresse* de l'esprit de l'homme, celle qui le dirige. Elle veut régner par la raison, alors que Lui ne pense souvent qu'à la dominer par la force ou par la ruse, et à la séduire par les sens.

— La Femme *aime*, l'homme désire.

— La Femme aime l'homme en vertu d'une attraction qui, commencée par les yeux, se dirige en haut — vers le cerveau — vers l'idée. L'homme aime la Femme en vertu d'une attraction qui, partie du même point, se dirige vers le bas.

— La Femme aime, dans l'homme, ce qui émane de son élément nerveux. Elle aime son âme (vieux style).

L'homme aime, dans la Femme, ce qui émane de son élément sanguin : il aime sa chair.

La plupart des hommes détestent l'esprit de la Femme.

La réaction chez la Femme est aussi toute différente de celle de l'homme. L'amour satisfait lui donne un sentiment de triomphe, un rayonnement qui l'embellit, et intensifie son esprit et sa vie.

Et c'est cette réaction qui a fait naître chez l'homme la jalousie sexuelle qui s'est manifestée brutalement depuis les temps reculés, et a été l'origine de toutes les entraves apportées par les hommes au libre développement des facultés de la nature féminine.

Il existe chez Elle un amour cérébral supérieur et une attraction physique inférieure, qu'on ne devrait pas appeler *amour*.

IV

Relations Sociales

Pour épuiser la question il nous reste maintenant à étudier les relations qui s'établissent entre l'Homme et la Femme, en dehors de l'attraction sexuelle, c'est-à-dire les relations sociales.

Ces relations sont de deux sortes puisqu'elles obéissent à deux aspects psychologiques de l'homme. En effet, l'homme est, pour ainsi dire, un être double, puisqu'il suit, tour à tour, les deux impulsions qui se disputent son activité : l'instinct et la raison.

L'instinct qui le pousse vers la vie sexuelle, avec toutes ses réactions brutales contre la Femme, la raison qui le ramène, par moments, à la réalité et à la loi morale.

Nous trouvons donc la Femme en relations sociales avec l'homme-instinct et avec l'homme-raison.

Si nous étudions les relations intersexuelles dans l'histoire, nous trouvons qu'elles ont eu, tour à tour, ces deux aspects différents, qui révèlent le degré d'élévation ou d'abaissement des races.

* *

Relations de la Femme
avec l'Homme-Raison

Lorsque l'Homme obéit à la raison il voit la Femme telle qu'elle est, puisque la raison c'est la vue droite : **il reconnaît, en elle, un être privilégié de la nature, doué de qualités qu'il ne possède pas lui-même, et il lui rend hommage. Cet hommage fut, à l'origine, un culte.** Le besoin d'adorer le Principe de vie dans son incarnation la plus haute, dans la Femme, a toujours existé au fond de la pensée de l'Homme, c'est là que réside, véritablement, pour lui, l'esprit religieux. L'Homme qui reconnaît la valeur morale de la Femme est un être religieux, attendu que la religion de l'Homme c'est le lien qui l'unit à l'*Esprit* féminin. Dans cette union il fait le sacrifice de ses intérêts, de ses passions, de sa personnalité même.

Toutes les religions de l'antiquité, les grandes religions de la Nature, n'étaient que le culte de la Femme.

La Chevalerie en a été la dernière manifestation.

****

Relations de la Femme
avec l'Homme-Instinct

Pour terminer cette étude il me reste à dire quelques mots des relations sociales, ou familiales, qui s'établissent entre la femme et l'homme-instinct, c'est-à-dire celui qui obéit aveuglément à ses passions et n'a plus, ou presque plus, de retours vers la raison primitive.

Cet homme-là cherche la femme avec ardeur, ce qui la séduit, mais la réaction de l'amour est, chez lui, un déchaînement brutal de toutes les manifestations de la jalousie de sexe. C'est cette jalousie qui a été le motif des luttes de sexes, si violentes dans l'antiquité, puis, grandissant toujours, de l'asservissement de la femme. On chercha à entraver son évolution sexuelle en condamnant, comme le pire des crimes, la fonction qui la grandissait si prodigieusement pendant que l'homme s'abaissait, cette fonction qui lui donne, comme dit M. Virchow, toutes les qualités de la vraie femme.

V

Les Femmes vis-à-vis des Hommes

S'il y a dans le monde deux espèces d'hommes : d'un côté, les hommes de bonne volonté et de bonne foi, de l'autre, les hommes pervers et dégénérés, il y a aussi, dans le monde, deux espèces de femmes : la femme forte et la femme faible.

La femme faible — non pas de faiblesse physique, mais de faiblesse morale — est celle qui se laisse séduire et entraîner par l'homme-instinct ; celle qui le seconde dans ses mauvaises actions, qui lui sert de complice dans l'œuvre du mal qu'il accomplit. qui se fait la servante de ses vices, qui l'aide dans ses crimes, qui a, comme lui, la lâcheté morale, qui répète ses mensonges, qui propage ses calomnies, qui soutient ses erreurs.

C'est la femme faible — pétrifiée dans l'ignorance et la crédulité — qui fait la fortune de tous les fourbes, de tous les charlatans, de tous les misogynes ; c'est elle qui est la cause de toutes les déchéances de l'homme ; et, finalement, de la décadence des nations.

La femme forte, c'est la vaillante qui a toujours lutté à côté de l'homme de bonne foi, pour ramener l'humanité vers les hauteurs de l'intellectualité et de la raison, celle qui résiste à l'entraînement de l'homme pervers, qui n'a pas de prise sur elle, aussi c'est elle qui est raillée par lui, calomniée, persécutés. C'est l'éternelle hérétique. Au moyen âge, on la condamna comme sorcière, c'est elle que l'Inquisition brûlait. Dans les temps modernes, c'est elle qui, courageusement, reprend l'œuvre éternelle du Bien contre le Mal, du Juste contre l'Injuste. C'est l'indépendante dont la raison est assez forte pour oser se manifester et prononcer des jugements qui condamnent tous les préjugés que l'esprit du Mal a jetés dans le monde et imposés à la crédulité des faibles. C'est elle qui a tous les courages. Aussi, dans les temps de perversion générale, elle est mise à l'*index*. On fait l'opinion contre elle pour l'isoler. C'est une folle, une hystérique, une intrigante, une prostituée, une lesbienne!...

Si cette femme-là est la terreur des hommes pervers, elle est l'espérance des hommes justes.

L'antiquité, qui connaissait déjà ces deux espèces de femmes, les appelait : *les vierges sages et les vierges folles*.

VI

La Réflexion Sexuelle

Il existe un phénomène psychique curieux, « qui consiste, pour chacun, à ne voir dans l'autre être, *qu'un miroir* dans lequel on vient se réfléchir. » C'est ce que nous appelons la *réflexion sexuelle*.

Ce miroir a causé bien des malentendus, c'est grâce à ce phénomène de *réflexion sexuelle* que la femme a vu, dans l'homme, tous ses propres caractères de supériorité morale et l'a mis sur un piédestal, faisant de lui un Dieu, ce qu'il a accepté complaisamment.

C'est grâce à cette *réflexion sexuelle* que l'homme a mis, dans la femme, tous ses vices, c'est-à-dire toutes les conséquences psychiques de son évolution masculine, faisant d'elle une coupable, une criminelle, une folle, parce que les excès sexuels, chez lui, mènent à la criminalité, à la folie. Et la femme, intimidée par ces accusations outrageantes, s'est abaissée devant l'homme.

Cependant cette confusion ne s'est pas imposée sans luttes.

Toute l'antiquité nous montre la femme se défendant vaillamment contre l'outrage naissant.

Pour terminer je veux citer une grande autorité : M. Renan qui, dans un article publié dans *Le Figaro*, du 29 mars 1890, disait : « La vertu féminine est un des éléments providentiels de l'édifice du monde. La femme a la charge du bien. Voilà ce qui me porte toujours, en mes moments de loisir, à méditer sur le plus sacré des actes de la vie. **La profanation qui se fait de l'amour dans la superficielle littérature parisienne est la honte de notre temps.** C'est là le crime contre *le Saint-Esprit* pour lequel il n'y a pas de rémission. On traîne l'hostie sainte dans la boue. On méconnaît la grande force éducatrice du genre humain. L'amour n'a tout son prix qu'avec les gênes du devoir. »

Oui, la vertu féminine est l'élément providentiel de l'édifice du monde, mais cette vertu ce n'est pas, dans la femme vierge qu'il faut la chercher, mais dans la Femme-Mère, puisque c'est par l'exercice de ses attributs sexuels que la femme y arrive. C'est pour cela que toutes les religions du passé ont représenté la plus haute manifestation de la perfection féminine par une femme-mère. Une Vierge-Mère, a-t-on dit, pour bien montrer, par là, que ce qui est réellement saint et digne de vénération c'est la fonction remplie par la Femme sans avoir fait déchoir un homme.

Auguste Comte a retrouvé cet idéal de la perfection et l'a formulé dans ce qu'il appelle : *L'utopie de la Vierge-Mère.*

Les deux Voies

Nous venons de voir que dans tout homme il y a
deux entraînements opposés : l'instinct et la raison,
ce qui n'est pas nouveau car Racine déjà disait avant
nous :

> *Dieu ! quelle guerre cruelle,*
> *Je sens deux hommes en moi.*

Ces deux hommes sont : l'homme-raison, éclairé
par la réflexion. Celui-là reconnaît la valeur morale
de la Femme. Et l'homme-instinct, l'ignorant, le
dément, qui nie l'Esprit féminin.

Quand la raison triomphe dans l'homme, nous
voyons apparaître toutes ses grandes qualités :

— Le sens moral, qui lui fait comprendre qu'il
doit s'incliner devant la *loi des sexes* base de la loi
morale.

— Le respect, qu'il oppose à l'orgueil et qui
prouve qu'il a compris qu'un esprit supérieur existe.

— La louange, qui est une justice rendue au vrai
mérite et qu'il oppose au dénigrement des envieux.

— La générosité, opposée à l'égoïsme de ceux qui
pratiquent le « tout pour moi ».

— La douceur qu'il oppose à la colère.

— L'hygiène à l'intempérance, l'activité à la paresse, la sincérité au mensonge, la loyauté à la ruse, à la perfidie.

Tels sont les mérites réels des hommes.

Il y a donc une éducation nouvelle à donner à la jeunesse, afin de l'amener à posséder ces qualités qui feront remonter la race vers une civilisation plus haute et ainsi sauveront l'humanité de la dégénérescence qui la menace.

C'est par une vie plus chaste que l'homme pourra enfin réaliser les grandes réformes depuis si longtemps promises et sur lesquelles s'édifiera le monde nouveau.

L'état social d'une nation n'est que la résultante de la physiologie de l'homme.

9 782329 050126